M000098438

La Génesis de los Tres Principios

Reflexiones sobre la vida y descubrimientos de Sydney Banks
por Elsie Spittle y Chip Chipman

La Génesis de los Tres Principios

Reflexiones sobre la vida y descubrimientos de Sydney Banks

@2019 por Elsie Spittle y Chip Chipman
Primera edición: Septiembre, 2019
Impreso en USA

El Sol Publishing Co.
14255 N 79th St., #3
Scottsdale, AZ 85260
www.elsolpublishing.com

ISBN- 978-1-7321562-4-1

1. Espiritualidad (Filosofía)
Editor: Ana Holmback
Corrección y Edición: Tania Alemán
Diseño interior y de portada: Rómulo Reyes
Traducción: Yajaira Martínez

La Génesis de los Tres Principios

Reflexiones sobre la vida y descubrimientos de Sydney Banks
por Elsie Spittle y Chip Chipman

Una Publicación de la Fundación de los Tres Principios

Dedicado a la difusión de los Tres Principios
de Mente, Consciencia y Pensamiento,
del modo en que fueron descubiertos por Sydney Banks.

Cita de Sydney Banks

«NO SE TRATA DE NADA NUEVO, sino de algo que ha estado en esta realidad desde el comienzo del tiempo y que se llama Verdad. Y la Verdad no es más que la inteligencia espiritual antes de la formación de esta realidad que conocemos.

¿Cómo se llega a conocer a esta Verdad? ¿Cómo adquiere vida? La respuesta es sencilla. Los Tres Principios que lo llevan todo a la creación... Mente Divina, Consciencia Divina y Pensamiento Divino. Y con Mente, Consciencia y Pensamiento guiándote a lo largo de la vida, aprendes a utilizarlos de manera apropiada.

Ahora bien, realmente no es necesario que pienses sobre Mente porque Mente es la inteligencia de todas las cosas. Ya la tienes. Por su parte, Consciencia te hace estar alerta. Y ya lo estás. Solo resta Pensamiento y Pensamiento es como el timón de un barco; te guía a lo largo de tu vida y si aprendes a dirigir ese timón adecuadamente, podrás elegir tu camino en la vida mucho mejor de lo que te hubieras imaginado jamás.

Puedes ir de una realidad a la otra. Puedes encontrar tu felicidad y cuando una tristeza ilusoria erija de tus recuerdos, no intentes analizarla, por favor, no lo hagas, de lo contrario, estarás en problemas. Todo lo que tienes que hacer -aquí entra en juego de nuevo la simplicidad- es darte cuenta de que no es más que Pensamiento. Tan pronto lo hagas, se desvanecerá, estarás de vuelta al ahora y retornarás a la felicidad.

Por lo tanto, no te enfrasques en los detalles. En este mundo, mientras más pequeño, más poderoso y contamos con Mente, Consciencia y Pensamiento. Así de simple. He ahí la respuesta».

Sydney Banks, 2000

Índice

Prólogo

Cuando Elsie Spittle y Chip Chipman, me pidieron que escribiera esta introducción, me sentí conmovida y honrada. Este hermoso libro que comenzarás a leer, nace en medio de una conversación con ellos, luego de expresarles la idea de ofrecer una obra escrita que introdujese la profunda experiencia que le aconteció a Sydney Banks, y que a su vez le reveló el entendimiento de los Tres Principios.

Esta idea se hizo más clara cuando transcribimos los diálogos contenidos en el DVD Génesis de los Tres Principios. Al leer la profunda sencillez de las palabras de Elsie y Chip, fue cuando surgió la certeza de que en ese sentir se encontraba todo lo necesario para cumplir este sueño.

Este libro presenta una lectura acerca de la vida de un hombre de este tiempo en las voces de dos personas muy cercanas a él. En la primera parte, Elsie y Chip, quienes, literalmente, han preservado el mensaje de Syd, puro, palpable y genuino, nos introducen a la inesperada experiencia de un hombre, sencillo, común y corriente, narrando momentos significativos e inolvidables compartidos con él.

En la segunda y tercera parte del libro, aprendemos más sobre la historia de Sydney Banks, el significado de lo que estaba despertando en él, y su transformación desde la simplicidad. También encontrarás la voz de Syd a través de citas muy poderosas que pueden llevar al lector, mas allá de sus palabras, a la esencia de lo que está siendo transmitido.

En la cuarta y última parte, Elsie y Chip, nos entregan un diálogo pausado en medio de reflexiones, que muestran una dimensión aún más profunda de la naturaleza trascendental de esa epifanía que le sucedió a un modesto obrero calificado hace más de 40 años y que permanece en su verdad.

Esta es la historia…una historia llena de esperanza y transformación. Siento completamente que la experiencia de Sydney Banks junto con los descubrimientos que continúan fluyendo de ella, le permiten a la humanidad experimentar esa sensación de unidad el cual compartimos unos con los otros y a su vez, con todos los seres vivos. Esa esencia es nuestra naturaleza verdadera y cada vez que se nos es recordada en la quietud de nuestras mentes, la vida es simplemente una travesía hermosa, amorosa y profunda que no puede dejar de ser vivida.

Con todo mi amor y respeto,

Ana Holmback
Scottsdale, AZ 2019

Sydney Banks
1931-2009

A través de las épocas, un puñado de seres humanos
ha experimentado una iluminación de una profundidad tal,
que su mensaje cambió para siempre el curso de la historia,
así como la propia experiencia de ser humano.
Entre ellos, se cuenta con la historia de Sydney Banks.
Una persona común y corriente, que no se diferenciaba de forma
significante de sus contemporáneos. Él fue honrado de manera
inconmensurable con una epifanía que le reveló los Tres Principios
Universales de Mente, Consciencia y Pensamiento; Principios
capaces de elevar a la humanidad entera a un nuevo nivel
de entendimiento, de la naturaleza verdadera de la existencia,
de nuestra naturaleza verdadera
y del poder místico e ilimitado del amor.

PARTE I

CELEBRACIÓN

LA NATURALEZA VERDADERA
LE HABLA A LA NATURALEZA
VERDADERA

Elsie Spittle

Hace un par de años, cuando tuve la oportunidad de viajar por el Reino Unido y Escocia, me llamó la atención que Sydney Banks, sin intención, se ha ido dejando de lado cada vez más.

"¿Por qué es tan importante conocer sobre Sydney Banks?

¿Acaso el mensaje per sé no radica en los Tres Principios?"

Si perdemos el rol de Sydney Banks en este entendimiento perderemos la esencia del mensaje. No se trata solo de los Principios. En efecto, los Principios son supremamente importantes, ellos sustentan la experiencia humana, nos dicen cómo es creada, pero se trata de la experiencia de Syd, de lo que le pasó a este hombre común y corriente, un trabajador sin profesión. Me refiero a un enfoque con dos aspectos que comprende la experiencia de Syd, esa epifanía espontánea que le reveló los *Tres Principios Divinos,* y los *Tres Principios* per sé, de ahí que hay dos aspectos que coinciden y se vuelven uno.

Al compartir la pureza de la experiencia de Syd y los Principios, lo que emerge es el sentimiento de naturaleza verdadera. Además, no se trata de un simple entendimiento psicológico de los Tres Principios o del poder de la revelación (*insight*), se trata del sentimiento que surge tras compartir la historia completa de Syd, porque Syd descubrió su verdadera naturaleza.

Esto tiene tanto poder, que ayuda a las personas a darse cuenta de que están en casa. No se trata de llevarlas a casa, sino de orientarlas para que se den cuenta de que ya están en ella.

Es la naturaleza verdadera hablándole a la naturaleza verdadera.

UN HOMBRE COMÚN EN
BÚSQUEDA DE UNA MEJOR VIDA

Chip Chipman

Sin duda, los *Tres Principios* están incompletos sin el entendimiento de su génesis, es decir, de aquel acontecimiento místico al que tuvo lugar. El cual, a lo largo de miles de años, ocurre de vez en cuando con la intención de brindarle a la humanidad un sentido más auténtico sobre quiénes y qué son. Y esta es la única manera de resolver todos los problemas que tienen plagado al mundo. Por ello, cuando nos adentramos en la génesis de los Principios, nos remontamos a la experiencia mística que le ocurrió a un hombre, y todo lo que fluyó de él durante esa experiencia.

Ahora mismo en el mundo hay muchas ideas de lo que son los Principios, como por ejemplo, algunas personas creen que los Principios son una forma de psicología, lo cual no es así. Los Principios informan a la psicología porque transmiten nuestra propia naturaleza verdadera, de quiénes y lo que realmente somos.

Cada vez que pienso en lo que Syd le trajo al mundo, lo veo como un verdadero milagro, como un momento en el tiempo -un momento fuera del tiempo- en el que le fue mostrado a Syd precisamente, cuándo comienza la realidad. El momento justo en el que la nada se convierte en algo.

Cuando miramos de cara a lo místico, un acontecimiento que rara vez le ocurre a alguien, y que haya escogido -sea lo que sea- a este hombre, sencillo y trabajador, es perfecto porque luego de lo que presenció, la evidencia de su entendimiento, los orígenes, la génesis de nuestra experiencia, fueron parte crucial de su cambio, ya que fue el entendimiento de esa génesis lo que le enseñó que él podía llegar a ser lo que quisiera; algo que nos probó cada día de su vida.

Esa génesis que destacaba el paso de la nada a algo ocurre a cada momento para cada ser humano. Para mí, esto es lo único que puede explicar en realidad, todo ese cambio transformacional del que hemos sido testigos todos estos años, comenzando por Sydney Banks.

¿Ayudas a las personas con una mala concepción de que
los humanos son el compendio de su pasado y pensamiento?
O, por el contrario,
¿los ayudas a entender que su naturaleza verdadera existe
y que permanece indemne, sin daños, sin importar lo que
pase y que allí yace la fuente de la sanación?

LA GÉNESIS, ALGO PROFUNDO

Elsie Spittle

S ydney Banks era un soldador cuando le ocurrió esta epifanía. Él no tenía estudios ni conocía absolutamente nada acerca de la psicología, ni siquiera podía deletrear la palabra. Este hecho influyó en que su trabajo no fuera considerado al presentarlo en distintas universidades. Sencillamente, no podían concebir lo que le había ocurrido a este hombre; sin embargo, luego, se creó un instituto profesional fundamentado en el trabajo de Syd, el cual requirió de mucha valentía.

Se trataba de un hombre en búsqueda de una mejor vida, de una mejor relación con su esposa y familia, así como de un mayor bienestar en su trabajo. Y, de la nada, ocurrió esta experiencia espontánea.

Así que al dar una mirada a cuán fascinante es nuestra naturaleza humana y reflexionamos sobre quiénes y qué somos, hay algo mágico que sucede con eso. Caemos en ese mundo de reflexión y contemplación en el que no estamos reflexionando sobre nada en particular. Es como sentir un sentimiento. Sentir el sentimiento de quiénes y qué somos en realidad. Y, de repente, comienza a ocurrir la revelación (*insight*), e incluso la revelación (*insight*) sin contenido, en la que prevalece este sentimiento de... morar en la alegría.

Este es otro aspecto al que se refería Syd desde el primer día. Tan pronto te llega un destello de quién y qué eres en realidad, es suficiente. Es decir, si tienes una revelación (*insight*) sobre Pensamiento, Consciencia o Mente, es más que suficiente.

No sigas hablando al respecto, solo vívelo.

VER EL MUNDO
DESDE UN LUGAR DISTINTO

Chip Chipman

Esto se trata de ese respeto máximo por el hecho espiritual de que todas las personas tienen esta sabiduría dentro de sí. De apartar la mirada de todo hacia este sentimiento hermoso, y confiar en que cuando miran de nuevo a partir de este punto, pueden ver todo lo que necesitan ver para sus vidas, lo ven con entendimiento.

Disfrutaba cuando Syd solía mencionar que la respuesta a toda complejidad yace en la simplicidad, recuerdo que esa frase me desconcertaba por completo porque *¿cómo podía concebirse que la respuesta a toda complejidad yace en la simplicidad?* Fue hasta que tuve la experiencia de permanecer quieto y sentir ese hermoso sentimiento que pude observar que todo desde ese lugar se veía diferente para mí.

No hay nada al respecto que deba ser enseñado a las personas, y eso es algo que me encanta. Esa simplicidad, el mundo visto a través de la verdadera simplicidad, que sucede cuando estamos quietos por un rato. Porque puedes pasar 3.000 años hablando del tema y, aun así, no aprender nada acerca de ese momento en el que comienzas a ver el mundo desde ese lugar distinto.

ES LA EXPERIENCIA
Y LOS PRINCIPIOS
JUNTOS COMO UNO SOLO

Elsie Spittle

Para sintetizar, es la simplicidad del sentimiento, ese sentimiento profundo de esencia que es nuestro maestro.

Y como lo menciona Chip de una forma hermosa: *Syd es el mensajero, pero se trata de la experiencia y los Principios juntos como uno solo.*

PARTE II

LA HISTORIA DE SYD

Chip Chipman

A l remontarnos en la génesis de los Principios volvemos a la experiencia mística que le ocurrió a un hombre.

¿Sabías que todo fluyó a través de él en esa experiencia?

«Si pueden utilizar los Tres Principios, no solo para ustedes, sino para el resto del mundo, porque en la medida en que más ayuden a la humanidad, más se ayudarán a ustedes mismos.

¿Han escuchado aquel dicho "Dar es recibir"? Al brindarles esto, me estoy llenando tanto que me es difícil hablar porque les estoy dando algo que sé que los va a ayudar en la vida.

¿Saben cómo la gente dice "el amor es la respuesta"? Es así porque la mente pura, la Mente divina son amor puro. La Consciencia Divina es amor puro. El Pensamiento Divino es amor puro. Se trata de la pureza de pensamiento y, una vez que se den cuenta de ello, estarán en casa, serán libres, habrán conquistado al mundo y habrán encontrado el camino de vuelta a casa, a ese lugar de donde vienen. Habrán viajado por esta travesía. Habrán explorado, se habrán dado la vuelta y habrán regresado a casa. Y una vez lo hagan, habrán ayudado a otros.

Mientras más personas ayuden, más se ayudarán a sí mismos. Créanme, es así. Mientras más ayuden a los demás, mejor será el sentimiento que recibirán. Insisto en esto, se trata de un sentimiento».

Syd Banks

Elsie Spittle

El vivo retrato del que provenía Syd no lo preparó, y ciertamente no preparó a nadie para lo que le ocurrió. Lo conocí como Scotty, (Syd era escocés) un buen amigo de Ken, mi esposo; ellos trabajaron juntos en una fábrica de papel y, a pesar de que había escuchado que era un obrero calificado, respetado en su empleo, eso era todo lo que sabía sobre él.

Syd era un buen hombre. Él era un alma generosa, incluso antes de su experiencia. Se preocupaba por los demás, pero tal y como él lo comentó en diversas oportunidades, vivía en mucha inseguridad y es por ello que nos la llevábamos tan bien con él y con su esposa, Barb. Porque era allí donde vivíamos Ken y yo, en la inseguridad de un mundo terrible.

Cuando nos reuníamos hablábamos de los problemas del trabajo, de lo que iba mal en nuestras relaciones, con nuestras familias, con nuestras parejas e hijos. Pero, a pesar de que hablábamos de lo que estaba mal, la pasábamos bien. Esto era un aspecto interesante de nuestra relación en aquellos días: teníamos un rato ameno conversando de lo que estaba mal. Es divertido cómo la sabiduría nos habla. Aun cuando está escondida con lo que está mal en el mundo, esa sabiduría despierta. Así que estaba despertando. No estábamos al tanto de lo que ocurría, pero se estaba despertando en nosotros; se estaba despertando en Syd.

Comenzamos a escuchar acerca de distintos grupos de crecimiento personal, y Syd y Barb se sintieron atraídos por un programa, al cual decidieron asistir. Lo interesante de esto, así como la atemporalidad de esa experiencia, radicó en que la puerta del alma de Syd, a esta Consciencia Divina, fue despertada durante una conversación que sostuvo con uno de los participantes:

«Estábamos tomándonos una taza de café en compañía de esta joven pareja que estaba en el evento porque tenían problemas y el joven, el esposo, era un psicólogo, es decir, un doctor. Comenzamos a hablar mientras tomábamos el café y él me comentaba sobre su inseguridad y le dije "bueno, aquí tienes un compañero porque yo también soy inseguro".

Le expliqué sobre mi inseguridad y le di detalles de mi vida y de mi inseguridad; "pobre Syd, pobre Syd, pobre Syd" y él me estaba prestando atención. Un par de noches más tarde, me encontré con el mismo hombre y él me dijo algo que me pareció muy inusual, me dijo "Syd, el otro día cuando me estabas contando sobre tu inseguridad, me pareció lo más absurdo que he escuchado en la vida", yo solo escuchaba. Lo que escuché fue "la inseguridad no existe, no es más que pensamiento" y me impactó como si fuese un golpe fuerte, toda mi inseguridad no era más que mis pensamientos, era como si me estuviese impactando una bomba en la cabeza, en ese momento me volteé y le dije "¿tienes idea de lo que acabas de decir?" y me respondió "claro, por supuesto. No lo estoy diciendo por decir". Pero yo sabía que no tenía idea porque me estaba diciendo cuán inseguro él era y me pareció tan revelador, fue increíble.

Fue así como pasaron tres días y tres noches en los que no pude dormir por causa de esa belleza que se estaba adentrando en mi vida, algo que no había experimentado nunca antes, permanecí acostado en mi cama y sentí como si la noche hubiese durado solo 15 minutos. Se me pasó muy rápido, de la nada era de mañana. En la tercera noche, fuimos a Salt Spring Island, lugar donde vivía mi suegra, para pasar un par de días con ella. Durante la primera noche, estaba sentado en la sala leyendo el periódico mientras mi suegra y mi esposa estaban en la cocina preparando la cena, estaban conversado entre sí, y de repente escuchas ese humor cósmico en el que ves más allá de las palabras, y me empecé a reír de la nada porque sabía que ellas no tenían la más mínima idea de lo que estaban hablando. Entonces mi suegra se molestó y se acercó a la sala a decirme "¿podrías decirme de qué te estas riendo?"

Sus palabras me hicieron reír aún más, las dos mujeres tomaron asiento y yo me senté también. Entonces me dije "ok, estoy en problemas, tengo a dos mujeres en mi contra". Me pregunté "¿cómo puedo salvarme de esta?" no me quedó otra que ponerme de pie y tratar de explicar por qué me reía, pero en vez de hacer eso, me di la vuelta y me quedé viendo por la ventana el océano como una pintura, fue como si me hubiese absorbido en un túnel y, de repente, sentí un zumbido. Me rodeaba una luz blanca y yo estaba en todo el medio. Nadie más podría verla aparte de mí. Esta luz blanca me atrapó y había un zumbido perenne. Fue en ese justo momento en el que me di cuenta del verdadero significado de Dios y comencé a llorar. Me volteé hacia donde estaba Barb y le dije "Estoy en casa, soy libre, lo logré. Conquisté el mundo, esto quiere decir que tú y yo vamos a viajar alrededor del mundo. Vamos a cambiar la psicología y la psiquiatría para que millones de personas logren sanar". Bueno, pueden imaginarse la cara de estas dos mujeres, lucían como si algo les hubiese golpeado en el rostro, justo en medio de los ojos y cómo venía de hallar el secreto de Mente, sabía en lo que estaban pensando, así que comencé a hablar de cosas normales, cotidianas, pero eso no logró que se desvaneciera el temor. Al día siguiente estaba hablando de una forma muy distinta, hablaba sin pensarlo.

Y todo salía a borbotones, así como lo hago yo en este momento. Ustedes no tienen nada que pensar, no tienen que pensar y nadie sabía de lo que estaba hablando. Me llevé las manos a la cabeza y me dije "un momento, ¿estoy hablando en otro idioma?" Estaba hablando con una simplicidad y todo el mundo estaba asombrado. En fin, me tocó regresar a mi trabajo dos días después y cuando comencé a hablar, nadie sabía qué estaba diciendo y no era que estaba hablando sobre esto, solo estaba hablando de la vida cotidiana, pero había algo que no estaba bien.

Trabajé en esa fábrica por 10 meses más sin intención alguna de retirarme, hasta que un viernes por la tarde mientras estaba en mis labores, me detuve, me levanté y pensé "Ok, tengo que renunciar" y me dirigí a la oficina y le dije al jefe "quisiera entregar mi carta de renuncia", pero me dijeron "ay, escocés, por favor, piénsalo bien. Has trabajado aquí por casi 14 años, tienes antigüedad. No puedes irte". No pude evitarlo y me empecé a reír y contesté "lo lamento, pero me tengo que ir", entonces me preguntaron "¿Qué vas a hacer?" y respondí "no lo sé". Me dijeron ¿tienes ahorros para mantenerte?" "No" les dije. "entonces, debes pensarlo muy bien", comenzaron a agitarse e insistí "por favor, me iré dentro de un mes".

Ahora, cómo hicieron para saberlo, no lo sé, pero un mes después regresé a Salt Spring y había un evento que reunía a personas de todo el mundo: gurús de la India, monjes del Tíbet, personas de todas partes y hasta el día de hoy sigo sin saber cómo lo supieron, pero era solo el comienzo. Fue el inicio de algo divertido porque conocí a los individuos más particulares que conocerán jamás».

Syd Banks

Elsie Spittle

Luego de este acontecimiento, puedo hablar sobre la transformación que sufrió este hombre trabajador, común y corriente, cuya alma se abrió de manera natural y espontánea.

Un sinnúmero de personas, durante todos estos años, me han preguntado: "¿Entonces, de dónde sacó todo esto? Debe haberlo estudiado, haber ido a la biblioteca, haber hecho una investigación y leído otros libros de filosofía". Pero, no fue así. Todo lo que vino a él, lo hizo de forma natural, sin buscarlo. Él no lo buscó. Syd solía decir: "no tenía idea de que había algo por encontrar".

Al reencontrarnos con Syd y Barb, tres días después de su experiencia, noté el sentimiento que había en él, caminaba con presencia. Todavía hoy me impacta cuando recuerdo esa primera imagen de él caminando por nuestra entrada principal. Syd solía caminar encorvado, como si llevara el peso del mundo sobre sus hombros y, al día siguiente, cuando fue de visita, ya con su don del entendimiento espiritual, se paraba erguido, con orgullo y confianza. Syd estaba imbuido de presencia, presencia espiritual. Aunado a eso, se trataba de la manera en la que hablaba, tan pronto comenzaba a compartir lo que había encontrado. Lo mínimo que puede decirse es que era extraño. Era peculiar porque él decía que había encontrado el secreto de la vida.

¿De qué se trataba? ¿Qué secreto? ¿Existía algún secreto?

«Agradezcan lo que tienen porque la gratitud es el sentimiento más hermoso que puedan tener. Agradezcan por tener a su hijo. Agradezcan por tener una buena pareja. Agradezcan la vida. Agradezcan por tener un empleo. Agradezcan por tener un lugar donde vivir. Se trata de un sentimiento, busquen un sentimiento. El sentimiento guarda el secreto de la vida y el Pensamiento es el eslabón perdido para conectarte con ese sentimiento».

Syd Banks

Su confianza, su certeza al compartir todo esto era fascinante. Poco tiempo después me di cuenta de que no solo se trataba de esta presencia, sino del modo en que su rostro se iluminaba a medida que conversaba con nosotros. Tenía un brillo particular cuando hablaba del secreto que había descubierto. Su entendimiento era como una manta de amor que cubría a todo aquél que entrara en contacto con él.

«Pensamiento es el eslabón perdido que todo el mundo, literalmente toda persona en el planeta está buscando. Y si pueden darse cuenta de ello, encontrarán su felicidad. Verán a sus hijos de un modo distinto, verán su matrimonio distinto, verán su vida distinta…

Tan pronto inserten el disco correcto y, tal y como mencioné anteriormente, el disco es Pensamiento, irán rumbo a la felicidad y, si van en esa dirección, no se pueden equivocar».

Syd Banks

Elsie Spittle

Él jamás titubeó. Él sabía lo que había descubierto y esto le dio una valentía que no era de este mundo. Simplemente sabía, en el fondo de su corazón y de su alma que, cuando le sirves a esta esencia divina de la vida, detrás de la vida, cuando le sirves a ella, velará por ti.

Vivió en un mundo tan desconocido y aun así, esa valentía era su estabilidad; le concedió certeza, coraje, amor y el sentimiento de la esencia que se propagaba en este mundo de energía, que atraía a las personas hacia él como por arte de magia. Al igual que ocurrió en su trabajo, en la isla -donde vivía Syd- también las personas se sintieron atraídas por este amor incondicional en el que habitaba este hombre la mayor parte del tiempo.

Es importante decir que, aunque Syd vivía en esta esencia espiritual, era también un ser humano. La belleza de esto es que hubo ocasiones en las que experimentó su humanidad; sin embargo, conservó la certeza, la habilidad y la resiliencia de recuperarse en un instante, lo que ilustraba una vez más que siempre estamos en casa. Incluso cuando enfrentamos desafíos en la vida como seres humanos no dejamos de estar en casa, y Syd lo demostró una y otra vez.

Este mensaje extraordinario era compartido sin pensarlo, sin un plan, sin metas ni objetivos. Era compartido desde lo desconocido, porque Syd sabía que la Mente Divina tenía un plan y que él estaba al servicio de estos Principios que él descubrió. Y continúa hasta este día para que el mundo no olvide que Syd siempre tiene que ser el centro de estos Principios; y no con respecto a Sydney Banks, el ser humano, sino Sydney Banks como un nivel de Consciencia y la experiencia que le sucedió a él.

Esto es lo que nos demuestra y seguirá mostrando al mundo, y a generaciones venideras, que esta experiencia milagrosa que ocurrió, sin buscarla, puede pasar. Los Tres Principios Divinos de Mente, Consciencia y Pensamiento, y esta experiencia divina que Sydney Banks tuvo: es el paquete completo para el mundo.

«Estás en casa. Eres libre. Has conquistado a este mundo y has encontrado tu regreso a casa desde dónde vienes.

Has viajado a lo largo de esta travesía. Has observado, te has dado la vuelta y has regresado a casa».

Syd Banks

Parte III
Syd & la simplicidad

Chip Chipman

Syd vino a la casa de un amigo, ubicada en el sitio donde se encuentra el faro de Mayne Island, un lugar hermoso, esplendido. Cuando Syd llegó allí, había unas 10 o 12 personas que fueron a conocerlo y escucharlo hablar. Por mi parte, estuve algo renuente. Recuerdo que tan pronto entré, vi a las personas de pie en la sala de estar, de inmediato supe cuál de todos era Sydney Banks porque era alguien a quien le rinden pleitesía. Las personas lo rodeaban y estaban embelesadas mientras que él simplemente estaba hablando, para mí, en términos sencillos sobre de dónde proviene la felicidad, etcétera, por la cual, una vez más, lo descarté. Sencillamente no quería ser de ese grupo de personas, entonces abrí camino entre la gente, y encontré una esquina para poder esconderme y sentarme solo.

Luego, Jen (mi esposa) se me acercó y dijo: "vamos, tienes que conocer a Syd. Ven para que lo conozcas". No me quedó de otra que responderle: "Oh, de acuerdo, está bien". Continué hacia la cocina, lugar donde Syd estaba, le extendí la mano y fue la experiencia más extraña. Tan pronto vi a su rostro, sus ojos, supe que él sabía algo. No tengo ni idea de cómo explicarlo.

Ciertamente fue una experiencia inquietante. En mi caso yo estaba enfrascado en el mundo que veían mis ojos, pero cuando miré en los ojos de él, supe que había algo allí. No se trata de adoración, no es eso; pero era una fascinación absoluta con lo que este hombre decía. Tan simple como que las personas no podían apartar su mirada y, de repente, a mí me pasaba lo mismo que a ellos.

«Es una vida misteriosa. La vida es un misterio divino y, una vez te des cuenta de ello, serás parte del misterio. Se trata de un misterio. Un misterio que no podrá ser explicado jamás. Intentamos hacerlo. Recuerdan que esta mañana les dije "deben ir más allá de las palabras". Las palabras solo pueden expresar… y … ya.

Las palabras son una guía y debes ir más allá de ellas. Cuando escuchas más allá de las palabras, estás en presencia de lo que se denomina una revelación (*insight*). Y jamás he podido descifrar cómo es que alguien no lograba entenderme. Sé que tengo un poco de acento escocés, pero creo que estaba hablando en inglés y me parece gracioso que "antes de esto, todos me entendían sin problemas, entonces ¿cómo puede ser que no me entienden ahora?" y no podía descifrar cómo mi entorno no podía entender lo que decía.

Hasta que un día me di cuenta. Estaba difundiendo revelaciones (*insights*). Estaba compartiendo lo que era invisible. Estaba transmitiendo lo que no tiene forma. Estaba hablando del secreto místico de la vida, el cual, para escucharlo, debes tener una revelación (*insight*). Vas a tu interior, reconoces lo que se te está diciendo porque tú y yo somos uno.

Tú y yo somos uno. Aquí vamos de vuelta a la unidad».

Syd Banks

Es interesante la manera en la que recuerdas algunas cosas en tu vida… cuando él te hablaba, en mi experiencia, era como si uno fuese el único en la habitación. Uno era la única persona que existía cuando él conversaba directamente contigo.

Syd poseía la certeza más sorprendente, eso es lo que más recuerdo acerca de él cuando lo conocí. Es que no decía "creo esto" o "puede que sea de esta manera" o "esta es mi filosofía", sino "estos son hechos espirituales. Esta es la verdad sobre lo que es el mundo". Y lo decía con una certeza absoluta y, al mismo tiempo, sin ego alguno. No era algo personal, no era algo que Sydney Banks sabía, podías verlo claramente. Era algo que emanaba a través de él.

«Me dicen que toma años de años encontrar la salud mental. Eso no es cierto. Están en la búsqueda de un único pensamiento mágico y, si lo consiguen, son libres. De verdad. Son libres de por vida. Y, honestamente, no es más que amor y entendimiento».

Syd Banks

Recuerdo que tuve una revelación (*insight*) muy clara acerca de mi vida y mi experiencia, y de las posibilidades de vivir sin tanta inseguridad. Llamé a Syd por teléfono, pero no me contestó, solamente quería hablar con él. Se me ocurrió que seguramente estaba en su jardín, por lo que me monté en mi camioneta y conduje por la isla camino a su casa. Llegué, lo vi cortando el césped. Él me vio venir. Apagó la podadora y comencé a balbucear sobre esta revelación (*insight*) que tuve y sobre lo maravillosa que había sido. Y puedo recordar su gesto a que hiciera silencio "shhhh" y pensé: "entiendo, no quiere hablar del tema ahora". Se dio la vuelta y me dejó en el patio, él entró en su casa, buscó a su perro, volvió a salir con él y caminó rumbo al bosque que quedaba al lado de su casa y pensé: "de acuerdo, tenemos que buscar un lugar más adecuado para hablar de la revelación (*insight*) que tuve".

Caminamos por el bosque y pronto llegamos a un espacio abierto que daba al océano. Era un día hermoso y muy brillante. Nos sentamos en la orilla de un pequeño acantilado sobre el océano y Syd seguía en silencio. Solo estaba ahí sentado, mirando el mar, el agua burbujeaba, se podían divisar botes pasando. Era como si observáramos una foto en pleno de Salt Spring, me quedé viendo el horizonte y, finalmente, dejé de pensar sobre lo que quería hablar y de lo que había pasado esa mañana.

Luego me di cuenta de que los ojos de Syd estaban llorosos, su cara resplandecía mirando el agua, tan pronto vi eso me atrapó, simplemente me llenó por dentro, y permanecimos sentados mirando el mar por un largo rato. Luego de un tiempo, Syd se puso de pie, se sacudió y comenzó a lanzarle una vara hacia el bosque a su perro, caminamos de regreso a su casa, él fue de vuelta a su podadora, la encendió, y yo me subí a mi camioneta y manejé de regreso a casa.

Lo que les acabo de contar es la experiencia que tuve con Syd que más atesoro, en ella no se dijo palabra alguna. No sé si esta experiencia demuestra lo que estamos tratando de relatar acerca de la manera en la que él vivió su vida, la forma en la que se comportaba, el cómo se desenvolvía con respecto al ahora, al presente, a este preciso momento, nada más. Esa era la mejor parte de estar alrededor de Sydney Banks. Él vivía allí y, si querías, podías ir con él.

«Solo tú posees la sabiduría. Solo tú puedes encontrar tu felicidad. Solo tú puedes hacerte sentir triste. Todo ello porque son tus pensamientos, tu mente y tu consciencia.

Se trata del uso de estos Tres Principios y que eso es lo que te lleva por la vida».

Syd Banks

No se trata de Sydney Banks el hombre sino de una experiencia increíble que realmente no puede ser definida, una experiencia que le sucedió a él. Un hecho que estableció un cambio en el mundo, el cual hemos presenciado al menos por 40 años, lo hemos visto expandir y crecer. Al escuchar su historia, cuando él habla sobre su experiencia lo escuchas tratando de explicar que Sydney Banks, como hombre, básicamente desapareció por un instante, permitiendo que la sabiduría de todos los tiempos se precipitara en su consciencia.

Si nos permitimos olvidar la manera en la que todo comenzó, perderemos el poder que hay detrás de esto, o disminuiremos ese poder, porque los Tres Principios -Mente Divina, Consciencia Divina y Pensamiento Divino- tienen implicaciones profundas para la humanidad, implicaciones profundas para el entendimiento del funcionamiento psicológico de los seres humanos. Y esto lo saben muy bien nuestros amigos psicólogos y psiquiatras. Ellos han visto un camino totalmente diferente, un entendimiento completamente nuevo sobre cómo servirles a las personas. Por lo tanto, es cierto que la experiencia que Syd vivió, tuvo esas implicaciones, pero ellas no son la esencia.

Si bien estas implicaciones seguirán motivando a la gente para ayudar y servir a los demás, el poder verdadero detrás de estas implicaciones es el hecho de que esa experiencia ocurrió, como ha sucedido a través de la historia cuando la humanidad más lo necesitaba. Y pasó de nuevo, y realmente no tenemos una explicación para ello. Y si las personas están incómodas con esa idea de que algo profundamente espiritual, donde la verdad y la sabiduría de todos los tiempos emanaron a través de alguien en el momento justo; si se sienten incómodas con todo esto, pues no hay mucho que pueda hacer al respecto, no obstante, puedo agregar lo siguiente: sin el reconocimiento de ese hecho, que eso fue lo que sucedió, sí perdemos algo, realmente sí perdemos algo.

Cada individuo que se tope con los Principios reconoce que no se trata de un nuevo concepto intelectual, ni mucho menos de una trampa, o nueva idea. Esto no es un derivado de cualquier cosa que haya existido en términos de prestar ayuda a la humanidad. Se trata de una verdad profunda, una revelación (*insight*) profunda que surgió de algún lugar, en el otro lado de Sydney Banks.

De ahí, que parte de mi fascinación y observación hacia Syd a lo largo de los años radica simplemente en ver a este hombre magnifico, amable, con sentimientos increíbles y tan generoso; explorar y cambiarse a sí mismo con lo que descubrió. Con esto me refiero a que, todo esto era más nuevo para él que para nosotros. Él no sabía de qué se trataba, tal y como Elsie comentó anteriormente, pero, aun así, tuvo la valentía de seguir escuchándolo. Syd jamás, ni por un segundo, en toda su vida perdió la fe o dudó sobre la profundidad y el poder de lo que emanó a través de él. Syd se dedicó a ello hasta su último respiro.

Entonces, a veces es difícil para las personas aceptar esa certeza; sin embargo ¿cómo puede ser esa sensación tan poderosa sin la certeza misma?

Volviendo al tema del hombre sin ponerlo en un pedestal -no quiero hacerlo- pero debo decir que dado a lo que he tenido que presenciar en mi vida -mi familia, mis amigos y, ahora, personas en países alrededor del mundo- no es difícil sentirse en deuda, en términos de gratitud para quien tuvo la valentía, no solo de ver lo que él vio, sino de pasar su vida entera tratando de compartirlo en un mundo sumamente escéptico.

«Y, si puedes utilizar esos *Tres Principios* no solo para ti mismo, sino para tu entorno, porque mientras más ayuda le des a la humanidad, más te ayudarás a ti mismo.

¿Recuerdan aquél dicho "dar es recibir"? Al darles esto, me lleno tanto que me es difícil hablar porque les estoy dando algo que sé que los ayudará en su vida. Y cuando retornen a sus hogares, se lo transmitirán a sus hijos. Lo van a compartir con sus hijos y ellos lo aprenden. Luego ellos irán a la escuela y, en lugar de ser unos pequeños tiranos, sufrirán una transformación. Irán al colegio, encontrarán amigos nuevos y les transmitirán este mensaje. Es como un mensaje en cadena: seguirá siendo difundido».

Syd Banks

Chip Chipman

Y ¿cómo era todo hace 30 años y qué tal era compartir con Syd?

Estoy seguro que muchos nos imaginan sentados conversando sobre los Principios unas 10 horas al día. La verdad es que, en todos esos años, probablemente hablamos con Syd sobre los Principios y la naturaleza espiritual de la vida quizás un 5% del tiempo que pasamos con él. Ahora bien, cuando pasaba era poderoso. Era increíble, pero igual de poderoso era estar en su presencia. Él amaba el sentimiento de la vida. Bromeábamos acerca del hecho de que cada taza de té era la mejor que había tomado en su vida. Cada destello del océano era el más hermoso que hubiese visto jamás. Así que él vivió en ese estado increíble de descubrimiento porque, según me imagino, él había perdido tantas creencias e ideas sobre lo que era el mundo, que era como un niño que recién descubría todo por primera vez todo el tiempo. Y para él eso era increíble.

«Realmente es un sueño místico en el que estamos y tienes el libre albedrío de recorrerlo como quieras, como lo veas.

Las personas me dicen "¡Ah! Eso está bien para ti, pero ¿qué hay de mí? Yo soy harina de otro costal". No, no lo eres. Ambos estamos juntos en este sueño místico y la única forma en la que puedes salir de él, la única forma de verla es dándote cuenta de la naturaleza verdadera de Mente, la naturaleza verdadera de Pensamiento, la naturaleza verdadera de Consciencia. Allí tienes tres, escoge uno, cualquiera. Porque cada uno te lleva al otro, los tres conforman una trinidad de toda experiencia psicológica en la tierra. Tan pronto te des cuenta de ello ¡serás libre!, ¡lo lograste! Tendrás que caminar por este sueño divino sabiendo que eres un soñador y viendo al mundo de forma distinta.

¿Han escuchado el dicho "soy lo que busco"? Esa es la unidad de la vida. La unidad de la vida es lo más grande del mundo de lo que te puedes dar cuenta y, espero, que algún día, todas las personas del mundo puedan hacerlo. Eso sería maravilloso».

Syd Banks

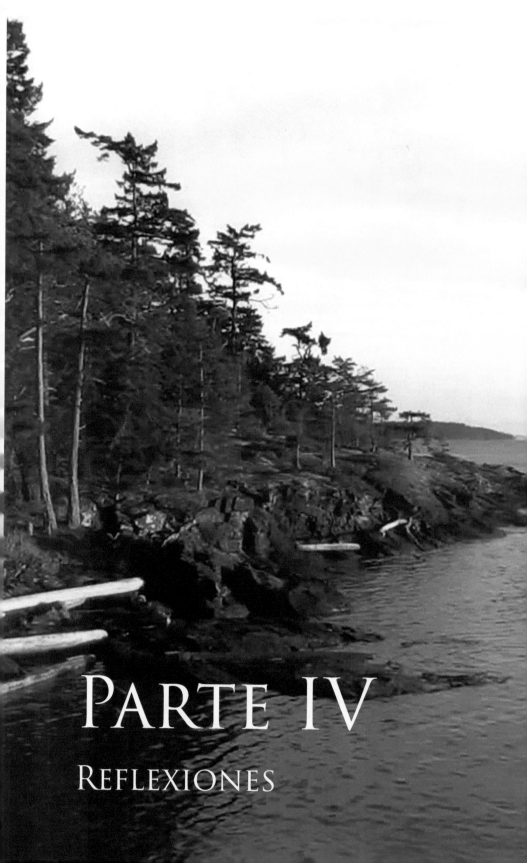

Parte IV

Reflexiones

Elsie Spittle:

Lo que realmente me impactaba Chip, una vez que comencé a desarrollar un poco de curiosidad, era cuando intentaba hablar con Syd sobre nuestros problemas, pero él no lo permitía. No hablas de tus problemas porque los harías realidad, es como si los problemas estuvieran de una vez en el pasado. Por ende, es Pensamiento, es ese el eslabón perdido. Yo era incapaz de entender el hecho de que los problemas son solo pensamientos. Escuchar esta afirmación era desconcertante para mí, que todo aquello no se trata de tus problemas sino simplemente de pensamientos.

Por lo tanto, cuando cambia tu pensamiento, cambia tu experiencia en la vida. No tenía sentido. No podía entenderlo. Entonces, recuerdo una vez que iba camino a verlo, consternada tras una discusión que tuve con Ken, iba con el deseo de contarle y Syd me dijo "querida, haz lo contrario a lo que estás haciendo ahora. Haz lo contrario". Eso era lo máximo que me decía.

Tiempo después, tuve mi propia revelación (*insight*): el pensamiento crea el sentimiento. Así fue como comencé mi travesía. Ese fue mi comienzo, el momento en el que me subí a ese tren de la sabiduría que está dentro de mí.

Hubo un momento en el que Syd fue invitado al área de Sacramento, en las montañas de Sierra Nevada. Una pareja de psicólogos estaba realizando un retiro con alrededor de 75 personas, iba a durar una semana pero se toparon con varios problemas y dificultades, por lo que invitaron a Syd a que asistiera para ayudarlos a calmar la situación. A su vez, Syd me invitó a que lo acompañara y la aventura de ir a este sitio fue sorprendente.

Todo era una aventura. Todo era placentero. Si tenías un vehículo con fallas, si había algo que estaba averiado, Syd hubiese encontrado la forma de arreglarlo, hasta eso era divertido. Incluso los errores pueden ser placenteros. El veía por encima de lo que estaba pasando en el mundo y buscaba la manera de sacarle el lado positivo a todo.

Llegamos al lugar en el que se estaba dando este retiro, estaba cayendo un aguacero. Había una fogata intentando arder. Había humo, nubes de humo, había algunas personas solitarias sentadas alrededor. Los dos psicólogos que invitaron a Syd, se le acercaron y le dijeron "No sabemos qué hacer. Estamos en problemas Syd. No sabemos qué podemos hacer". Lo que me encantó es que Syd, en un sentido, no hizo nada. Solventó lo de la fogata, como por arte de magia. En ese momento, las personas comenzaron a salir del bosque, literalmente. Los participantes habían estado navegando los rápidos y estaban empapados, congelados y titiritando. De repente, esta multitud se acercó al fuego y a este amor de Syd, sin conocerlo porque eran unos desconocidos. Todos ellos asociados al campo de la salud mental.

En ningún momento Syd habló de problemas, porque en aquellos días estaban en boga los grupos que promovían la filosofía de "enfrenta tus miedos". Syd solo compartió amor. No habló de problemas, compartió amor. Este es un punto muy poderoso en este nuevo paradigma que tiene ahora más de 40 años; sin embargo sigue siendo considerado en el campo de la psicología como un nuevo paradigma.

Todo eso, para mí, es una de las claves de que no solo todo el mundo cuenta con una sabiduría en su interior, esa salud innata, de la que Syd hablaba, a la que siempre hacía mención porque no se trataba de él, sino que él era, por lo regular, el catalizador, pero que cuando ese sentimiento despertaba en ti, siempre decía: "eres tú, eres tú".

Aparte de todo, insistía con eso de no pensar en los problemas. No tienes porqué volver al pasado. No necesitas hablar de tus problemas.

¿Qué te pareció esa frase cuando la escuchaste por primera vez, Chip?

Chip Chipman:

Bueno, en un principio me pareció absurdo, completamente absurdo. Toda mi vida era un problema, y mi matrimonio estaba a punto de terminar. Y, en efecto, en eso consistió gran parte de su mensaje la primera vez que lo escuché, Syd no se refería a que no tienes problemas, sino que no hallarás respuestas ahondando en ellos. Las respuestas se hallan contracorriente, es decir, ves dentro de ti, apartas tu atención de todo, vas a un sitio donde vuelves a mirar la situación y la observas con entendimiento. Para Syd era, "Simplemente no te enfrasques en el problema por ahora, todos estamos atravesando por algo. Todos tenemos problemas -solo ignóralos".

Cuando le escuché por primera vez hablar acerca de que la inseguridad es una ilusión creada por Pensamiento, eso realmente llamó mi atención. Debo decir que en un principio fue solo intelectual, pero, a pesar de ello, fue muy poderoso porque estaba fascinado por la idea de ¿y si es verdad? En ese momento comencé a pensar: "¡Oh! Sería una vida completamente diferente".

Al principio esto era difícil de entender, esa idea de que a pesar de tener todos estos problemas, tener toda esta inseguridad, esta historia de vida, esta terrible historia, tu ser verdadero permanecía saludable, y este era un espacio con una vista privilegiada desde donde podías observar tu vida con todo el entendimiento que surge al ser neutral y mirar atrás. Observa lo que eres en realidad. Puedes hablar de tu pensamiento hasta el cansancio, de hecho hay aspectos valiosos que aprender sobre lo que el pensamiento hace en el mundo. Lo más valioso es encontrar tu camino adentro, mirar atrás para observarlo todo, y tener algún entendimiento de cómo cada momento es un milagro increíble.

«Pensamiento es un pincel mágico que pinta la realidad que ves.

A un pensamiento de distancia se encuentra la felicidad.

De la tristeza a la felicidad solo hay un pensamiento de distancia.

De la felicidad a la tristeza solo hay un pensamiento de distancia.

De la rabia al entendimiento hay solo un pensamiento de distancia.

La próxima vez que vayas a molestarte o sentir rabia hacia alguien, detente y piensa por unos segundos:

"¿Son mis pensamientos los que están creando esta rabia o es lo que puedo ver en realidad?" y te apuesto un dólar a que son tus pensamientos».

Syd Banks

Elsie Spittle:

Lo que era de verdad hermoso de esto, de la naturaleza de vivir en bienestar, es que Syd siempre tenía ese brillo especial en los ojos cuando se negaba a hablar de problemas y decía "es pensamiento", "es solo pensamiento, querida"; "encuentra un sentimiento agradable. Encuentra un sentimiento agradable y todo estará bien". Syd se encontraba en ese sentimiento agradable y yo, cada vez con más frecuencia, me sentía cautivada por ese sentimiento. De alguna manera me encontraba en un callejón sin salida de hermosos sentimientos. Luego de nuestra visita o de nuestra ida por una taza de té o la situación que haya sido, me daba cuenta de que seguía estando en un sentimiento agradable, que mi problema ya no estaba allí. Estaba experimentando el bienestar.

Hablar y vivir de manera abreviada.

Eso era lo que hacía Syd. Él hablaba de forma abreviada, sin mayores explicaciones. Vivía de esa manera. Ese vivir en el ahora y vivir en el sentimiento del amor. Esa resiliencia que yo no había experimentado nunca antes, era lo que él era capaz de hacer. Syd habló mucho sobre el pensamiento y decía: "cambia el pensamiento y tu realidad cambia, tu experiencia cambia". Era así de simple, y Syd lo hacía simple.

Él no extrapolaba del modo que a muchos de nosotros nos encanta hacer. Nosotros podemos tomar el pensamiento y pasar dos días hablando solo sobre pensamiento. Recuerdo que Syd dijo en una de sus grabaciones sobre Consciencia, que esta es tu reconocimiento, tu toma de conciencia de la vida, de la existencia. Eso es todo. También dijo que habría quienes escribirían tres tomos al respecto. De manera que me encantaban sus abreviaturas, su claridad brillante y profunda. Así de simple.

«La felicidad que buscas está dentro de ti. Realmente lo está. Es allí en donde yace la salud mental. Todo el mundo -todo el mundo- está a un pensamiento de distancia de lo que sea que estén buscando. Si puedes encontrar ese pensamiento ¿sabes lo que sucede? Te da un sentimiento agradable. He allí lo que buscas. No hay ningún ser humano en el mundo que no esté en la búsqueda de sentimientos agradables porque no puedes tener un sentimiento agradable de alguien más.

Un sentimiento agradable debe estar en tu interior y, si puedes deshacerte de todos esos sentimientos negativos y obtener sentimientos que sean agradables, comenzarás a vivir una vida agradable, saludable y feliz. Así de simple.

Si obtienes un sentimiento agradable el día de hoy, lo estás logrando».

Syd Banks

Este libro está dedicado con amor y profunda gratitud
a Sydney Bank, 1931-2009

Una publicación de la Three Principles Foundation

Las palabras en este libro han sido transcritas
(con pequeños detalles de edición debido a la fluidez) del video:

Genesis of the Three Principles: The Birth of a New Understanding
Una producción de la Three Principles Foundation

www.threeprinciplesfoundation.org

Nuestra gratitud a Stars of Well Being
www.starsofwellbeing.com

Nota del Editor

La corrección de los textos en español, previamente autorizada por el editor
y sus coautores, atienden a las normas de gramática de la Real Academia
Española (R.A.E) además de consultas de manuales de estilo del español
estándar y neutro, previamente autorizada por el editor y sus coautores.

Citas de Sydney Banks gentilmente autorizadas por
Lone Pine Publishing & Judy Banks

Gracias